# Dil Say..!

दिल से (from heart to words)

Laxmikant Makone

BookLeaf Publishing

India | USA | UK

Made with ❤ on the BookLeaf Publishing Platform
www.bookleafpub.in
www.bookleafpub.com

# Dedication

# Preface

*These poems are fragments of my life, crafted for you to resonate, reflect, and connect.*

ये कविताएं मेरे जीवन के अंश हैं, जो आपके साथ गूंजने, सोचने और जुड़ने के लिए रची गई हैं।

# Acknowledgements

I am deeply grateful to every soul of you
who will read these words in their own voice in the
heart.

# दिल से..!

हवा ये नशीली,
रूह को छू रही,
दिल भी ईमान से प्यार ढूंढ रहा है,
चलो इस चांदणी रात में,
फिरसे कुछ बेजुबान नगमे लिखते हैं..!

तारों की खामोशी, जैसे छुपा हो कोई राज,
दिल की ख्वाहिशें, बिन कहे, बिन समझे, एक साज़।
तेरे ख्यालों में खोकर, चाँद से बातें करूँ,
तेरी मोहब्बत में हर लम्हा खुद को पा लूँ।

इन लम्हों में तेरी मौजूदगी की तलाश,
हमेशा महसूस होती है, जैसे हवा में तेरी आवाज़।
दिल से दिल तक, जो हम नहीं कह पाए,
चलो इस चांदनी रात में, उन्हें फिर से लिखते हैं...!!

# अँधेरी राहे..!

अंधेरी राहों पर चल रही थी वो,
ना जाने क्यों, पर बावरी सी थी वो।

उसके कदमों के निशान आँखों से गिने,
उसकी हलचल को दिल से हमने सुने।

मेहनत से उसका रूप निखरा था,
जैसे किसी ने खुद उसे तराशा था।

सुंदर सी काया, रेखाओं का जादू,
जैसे प्रेम ने खुद उसे किया था साधू।

प्यार हुआ था, चांद था गवाह,
मेरी कहानी ने लिया नया राह।

# अजनबी..!

पहली बार देखा तुम्हें अजनबी नजरों से,
और तभी समझा स्तब्ध होने का मतलब कैसे।
जैसे हो कोई कालिदास की कविता की उपमा...

मधुर आवाज और सुंदर काया का मेल,
स्वभाव भी मीठा, हर बात में है खेल।

लोकल ट्रेन से उतरकर कहती हो बाय,
देखकर लगता है, कहीं दिल न लगा बैठूं भाई!

कविताओं और कलम की ज्वाला से है प्यार,
क्या बात, बिलकुल हमारी जैसी है ये यार।

रातरानी को कभी खिलते नहीं देखा,
पर तुम्हें चाँदनी सी मुस्कान में देखा।

ना जाने क्यों, बेचैन और अलिखित हुआ,
तुम्हें शब्दों में ढूंढते-ढूंढते, खुद को ही खो दिया...!!

# गलती से ही सही..!

गलती से ही सही... प्यार हो गया है तुझसे,
जैसे बारिश की बूँद भटक जाए पत्तों पे।
खुद को खो दिया मैंने तुझमें कहीं,
पर हर खोने में मिला तू, जैसे साँसें नई।

खुशनसीबी भी कैसे खेल दिखा गई,
एक गलती में पूरी ज़िंदगी सजा गई।
तेरा नाम अब हर रास्ते पर लिखा है,
हर मोड़ पर बस तेरा ही चेहरा दिखा है।

ये रास्ता मैं अब भूलना नहीं चाहता,
तेरे कदमों के निशान से आगे बढ़ना नहीं चाहता।
चाहे वक्त ठहर जाए या दिन ढल जाए,
तेरा साथ हो, तो सफर खत्म भी ना हो पाए।

तू ही मंज़िल, तू ही सफर का किनारा,
तेरी मोहब्बत में मैंने शायद, पाया खुद को दुबारा।

# मेरी हो तुम..!

दिल को जो तूने छुआ,
प्यार इस दिल को हुआ।
कोहरे में ठहरा हुआ, मेरा जहां
तुझसे ही रोशन हुआ।

मेरे गीतों की सरगम,
धूप में छाँव-सी हो तुम।
पूरी दुनिया से ये कहना है मेरा,
मेरी हो तुम, मेरी हो तुम, मेरी हो तुम..!

आंखें तुम्हारी बयान करती हैं कोई कहानी,
हंसी तुम्हारी लगती है चांद से भी सुहानी।
तेरे लबों से निकले बोल लगते जैसे एक कविता,
संभाला है मैंने हर पल जो तेरे साथ है बिता।

तेरे महक के सहारे गुजारनी है जिंदगी,
तेरे साथ जो सुकून है वो और कहीं नहीं।
सातों जन्म ये चाहता हूं मैं ये कहना,
मेरी हो तुम, मेरी हो तुम, मेरी हो तुम..!

# You complete me..!

I'm the moon,
You are the earth,
I live and shine because of your worth.

I'm the flower,
You are the sun,
Without your light, I'd wither, undone.

I'm the rain,
You are the breeze,
Together we dance, swaying the trees.

I'm the moth,
You are the flame,
I'd risk it all just to whisper your name.

I'm the sleep,
You are the night,
Together we weave dreams, soft and bright.

In every form, in every way,
You complete me, come what may.

# You are the one..!

Like the monsoon dew that falls, You are the one.
Like the rose in a garden full of blooms, You are the
one.
Like the sweet kiss by a butterfly on a flower, You are the
one.
Like the nightingale echo softly in the wild,
You are echoing in my heart, every hour.

*You* are,
a shine that can make a rainbow smile,
Like a river, restless and free to flow,
Like devotion, pure and true,
Like music, taking hold of my heart too.

*You,*
Are only for my dreams, and only mine,
without You, how could I ever shine?
You are the reason I exist,
Because, *You* are, so I am — I truly persist.

# At the end of the day..!

As the day ends and the sky turns gray,
The sun goes down, ending the shadow's play.
Stars will peek out, the moon takes its place,
The night wraps the world in its gentle embrace.

The breeze whispers soft, carrying the past,
Moments of joy and struggles that passed.
The world grows still, the chaos fades,
In the quiet of dusk, peace cascades.

Though darkness falls, don't fear its sorrow,
It holds the promise of a brighter tomorrow.

At the end of the day...
there's this evening... where sun sets
& gives hope...
that it will rise again tomorrow.

# Walking on the empty roads..!

Looking at the moon,
 want to know,
Why it shines calm,
Yet feels so alone.

Does it miss the sun,
When the night turns cold?
Or carry secrets,
That will never be told?

I hear no answers,
Only the wind that blows,
As I search for meaning,
Walking on the empty roads.

# 25 percent Life..!

A small part is done, so much to go,
Dreams are big, but steps are slow.

Some days are good, some make you cry,
But you get back up and always try.

It's not the end, it's just the start,
Every last chance is a second last.

The road ahead is wide and long,
You'll find your way, stay brave, stay strong.

# Your thing..!

Do your thing...
Do your thing everyday.
Do things which make you happy...
Do believe that you are happy,
while doing that.

You are not in command of your surroundings...
Yes, you can control your actions,
your mind.

You are not frustrated,
You are not depressed...
A negative demon is there
of your own character.
Don't believe in him,
He does not love you,
and hate never wins.

You are the creator of your own thing,
you have to play your own thing.
Don't wait, just do...
Don't think, just do...
Don't hesitate, just do...
Don't negotiate your thing..!

# ज़ाम के सहारे..!

क्या हो रहा है ये ज़िंदगी के साथ,
हम तो एक ज़ाम के सहारे जिये जा रहे हैं।

अभी तो ठीक से संभलना भी नहीं सीखा,
फिर भी बार-बार गिरते जा रहे हैं।

दिल से बचपन को कोई मिला दो जाते-जाते,
इसे ढूंढने के चक्कर में,
ना जाने कौन सा ज़हर पीए जा रहे हैं।

अभी तो ठीक से खत्म भी नहीं हुई,
ना ही हुई सही से शुरुआत।
ख़्वाहिशों का ये मुलाकातें,
दिलों पे बोझ बनते जा रहे हैं।

निकलना है बाहर,
पर ना जाने हम किनके चिलमन में
बिखरे पड़े हैं।
अगर पता तो कोई बताए,
बाहर जाने का रास्ता और
दुनिया का दस्तूर,
सब अपने ज़ाम को बस
पिये जा रहे हैं..!

# मंज़िल का रास्ता

बोहोत वक्त लगा खुद की मंजिल को समझने में,
हर मोड़ पर ठोकर खाई, गिरने और संभलने में।
अब ये रास्ता भुलाना नहीं चाहता,
जो पाया है इसे खोना नहीं चाहता।

धुंधला था सपना, पर अब साफ़ दिखता है,
हर कदम पर यकीन थोड़ा और बढ़ता है।
थकान तो है, पर रुकना मुमकिन नहीं,
इस सफर में अब और भटकना नहीं।

हर पत्थर ने सिखाई है नयी कहानी,
हर कांटे ने दी है दर्द की निशानी।
पर इन ज़ख्मों से रोशनी निकली है,
जो मुझे मेरी मंज़िल तक खींच ली है।

अब जो मिला है, उसे गंवाना नहीं चाहता,
खुद को फिर कहीं और भटकाना नहीं चाहता।
यह राह मेरी है, इसे निभाना है,
मंज़िल को हर हाल में अब पाना है।

# जिंदगी तू ठेहरजा..!

जिंदगी ठेहरजा, तू रुकजा, संभलजा,
जीने दे मुझको वो पल,
छूट गए थे हाथों से जो कल।

जो पल अंजाने में छूट गए,
उनको जीना अभी बाकी है..
जो लोग अंजाने में रूठ गए,
उनको मनाना अभी बाकी हैं..

अपनों से किए हुए जो वादे थे,
उनको निभाना बाकी हैं..
टूटे हुए से जो रिश्ते थे,
उनको जोड़ना अभी बाकी हैं..

किसी से किया हुआ पेहला जो प्यार था,
इज़हार करना उसका अभी बाकी है..
दिल के किसी कोने में छुपे हुए जो सपने थे,
उनको पूरा करना भी बाकी है...

जिंदगी ठेहरजा, तू रुकजा, संभलजा,
जीने दे मुझको वो पल,
छूट गए थे हाथों से जो कल।

# इश्क़ पिया पे..!

वारी ओ वारी गई इश्क़ पिया पे,
वारी ओ वारी गई इश्क़ जिया रे।

चल पड़ी रास्तों में,
मेरा साया साथ है।
क्या कहूँ किस क़दर,
मेरी ही इबादत है।

सुंदर से सपनों में तुम्हारे,
खो जाती हूँ,
आदत ये मेरी,
अब बन गई है
कब से।
मेरा जहाँ,
कैसे बनाऊँ
मेरे जान के बिना।

हारी ओ हारी गई मैं जिया रे,
सारी की सारी मैं इश्क़ पिया पे।

# तेरी यादें..!

पहले प्यार की खुशबू, मेरे सांसों में भर दो,
दिल में खिली वो कली, फिर से खिलने दो।
ओस भरे सावन में, फिर से भीगने दो,
तेरे बिना सूख चुका है, मेरे प्यार का झरना जो।

क्यों मुझे ऐसे छोड़ गई, क्यों दूर चली गई?
क्यों बिना मुड़े मुझे भुला दिया, कोई खबर नहीं लाई?
तारों के तोहफे, जो देने थे, रह गए अधूरे,
गर्मी के मौसम में भी दिन हो गए ठंडे और सूने।

हमारी मोहब्बत की कली मुरझा गई,
तेरी गैरमौजूदगी में सांझ भी रूठ गई।
कोहिनूर जैसे सपने थे, जो टूट गए,
दोपहर के सूरज में भी, मेरी रात हो गई।

जो धागे टूट गए, वो फिर से जुड़ेंगे नहीं
ज़ख्म के निशान अब मिटेंगे नहीं।
तेरी यादों का बोझ हर लम्हा उठाता हूँ,
और वो भी सिर्फ दर्द भरी यादें...!

# जब रेत फिसली मेरे हाथों से..!

जब रेत फिसली मेरे हाथों से,
तब याद आई मुझको तेरी,
जब मेरा हाथ था तेरे हाथ में,
जब मेरा हाथ था तेरे हाथ में,

जब बूँदें गिरी पहली बारिश की,
तब याद आई मुझको तेरी।
जब तेरे संग था मैं भी भीगता,
जब तेरे संग था मैं भी भीगता।

जब सांझ सजी मेरे आँगन में,
तब याद आई मुझको तेरी।
जब तेरी जुल्फें थी सजी मेरे लिए,
जब तेरी जुल्फें थी सजी मेरे लिए।

जब चाँद ने बिखरी रौशनी सारी,
तब याद आई मुझको तेरी।
जब रात ने लहराई हवाएँ,
तब याद आई मुझको तेरी।
जब मेरी साँस थी तेरे साँस में,
जब मेरी साँस थी तेरे साँस में।

# तेरी यादों का सफर..!

चले थे हम साथ साथ,
सपनो सी थी हर बात
कुछ पल के लिए ही सही मेहरबान थी ज़िन्दगी।
मुझको ना थी ये खबर,
छोटी सी ही होगी ये डगर
पा के जहान अब क्या करू जब साथ तू ही नहीं।

यादें बस तेरी यादें साथ है तू नहीं मगर..
अकेली सी है ये राहें क्यों नहीं तुम हमसफर..।

हर रोज कुछ पल आके मिलती है मुझसे तेरी यादें..
गुजरा हुआ वो कल फिरसे जीने देती है ये तेरी यादें..

दूर होकर भी पास महसूस कराती है तेरी यादें..
बहते झरने सा शीतल एहसास कराती है तेरी यादें..

तेरे ख्वाबों का आलम अब भी आंखों में बसता है,
दिल के हर कोने में तेरा नाम धड़कता है।
हवा में तेरी खुशबू, बारिश में तेरा असर,
हर मोड़ पर ढूंढता हूं तुझे, हर पल तेरा सफर।

तू दूर है, पर दिल में बसी है,
तेरी यादें ही अब मेरी दुनिया बनी है।
वो पल, वो बात, जो हमने साथ गुजारी थी,

अभी मेरे दिल की किताब में पन्नों पर उतारी थी।

तेरी यादों का सफर यूँही चलता रहेगा,
दिल से तेरा नाम कभी ना मिटेगा।
तेरे बिना भी ये दिल धड़क रहा है,
क्योंकि तेरी यादें हर बार मुझे जीना सिखाती है।

# दोनों की बात..!

बात कर ली अगर अभी,
तो रुक न पाऊंगा,
दौड़ के चला आऊंगा,
सीने से लगा लूंगा।

क्यों हर बार ये बात करते हो,
जिनका जवाब मेरे पास नहीं है?
मैं भी जी रही हूं अधूरी सी,
पर ये दूरी ही शायद सही है।

तेरे बिना ये वक्त थम सा गया है,
हर दिन अधूरा, हर पल बुझा है।
सांसें भी तुझसे ही चलती हैं मेरी,
तेरी यादों के बिना ये ज़िंदगी सजा है।

मैं भी चाहती हूं वो लम्हे,
जब तेरा हाथ मेरे हाथ में था।
पर वो चोटें अब भी ताज़ा हैं,
जो हमने साथ झेली थीं, बता

चलो फिर से सब ठीक कर लें,
इस बार हारेंगे नहीं।
हर लड़ाई साथ लड़ेंगे,

स बार टूटेंगे नहीं।


इतनी आसानी से दिल न मानेगा,
इन बातों से वो दर्द न जाएगा।
मैं भी तुझे हर पल चाहती हूं,
पर खुद को खोने से डर लगता है।


मैं वादा करता हूं इस बार,
हर दर्द तेरा मेरा होगा।
तेरे हर ग़म को अपना बना,
फिर से हंसना सिखा दूंगा।


तुमसे दूर जाना आसान नहीं,
पर पास आना भी इतना आसान नहीं।
तुम्हें मैं क्या जवाब दूं,
मुझे खुद से जवाब चाहिए,
कि मुझे क्या चाहिए।

# दोस्ती..!

अजनबी कभी, अब हो गए जान है
जनाब, इसे दोस्ती कहते हैं...
रात को दिन और दिन को रात बना दे,
जनाब, इसे दोस्ती कहते हैं...

दिल की गहराइयों में,
खुले आवारापन में,
हर एक खुशी के एहसास में,
हर एक ग़म के पास में,
जो दिल को दिल से जोड़ देती है,
जनाब, इसे दोस्ती कहते हैं...

जनाब, दोस्ती कोई साया नहीं,
जो उजाले में साथ दे,
और अँधेरे में दे छोड़,
ये तो वो रिश्ता है,
जो हर मुश्किल में सिर पर हाथ रखे,
कभी ना तोड़।

# लिखतें रह गये..!

आज कुछ गुमसुम से हो गए हैं लब्ज़ मेरे...
जैसे रात ख़फा हो गयी हैं चाँद पर...
मगर ठंडी हवाओं के आगोश मैं आकर...
हम लिखतें रह गये..!

आँखों में आंसू भी नही थे...
दिल में जख़्म भी नही था...
होठो पे तराना भी नही था...
फिर भी हम लिखतें रह गये..!!

शाम-ए-यादों की ईस लंबी दास्तान मैं...
वक़्त को पकड़ कर रखना था...
मगर आख़री टुकडा रह गया था क़ागज का...
और हम तो बस, लिखतें ही रह गये...!!

9 789367 397886